6

Ordonnance Du Roi Du 20 Août 1842

1842

8° 1.re Pièce
5607

ORDONNANCE DU ROI DU 20 AOUT 1842.

LOUIS-PHILIPPE, ROI DES FRANÇAIS,

A tous présens et à venir salut.

Sur le rapport de notre ministre secrétaire d'État de l'agriculture et du commerce,

Notre conseil d'État entendu,

Nous avons ordonné et ordonnons ce qui suit :

ARTICLE 1er. — La Société d'assurances mutuelles contre la mortalité des bestiaux, établie à Laval sous la dénomination de *la Mayenne*, est autorisée.

Sont approuvés les statuts de ladite Société, tels qu'ils sont contenus dans l'acte passé, le 24 juin 1842, par-devant Me Aubry et son collègue, notaires à Paris, lequel acte restera annexé à la présente ordonnance.

ART. 2. — Nous nous réservons de révoquer notre autorisation en cas de violation ou de non-exécution des status approuvés, sans préjudice des droits des tiers.

ART. 3. — La Société sera tenue de remettre, au commencement de chaque année, au ministre de l'agriculture et du commerce, et au préfet du département de la Mayenne, un extrait de son état de situation, arrêté au 31 décembre précédent. La Société devra en outre adresser, à la même époque, à notre ministre de l'agriculture et du commerce, avec le compte-rendu de ses opérations, un rapport qui permette d'apprécier les effets de l'assurance mutuelle appliquée à la mortalité des bestiaux.

ART. 4. — Notre ministre secrétaire d'État de l'agriculture et du commerce est chargé de l'exécution de la présente ordonnance, qui sera publiée au *Bulletin de Lois*, insérée au *Moniteur*, et dans un journal d'annonces judiciaires du département de la Mayenne.

Fait au Palais de Neuilly, le 20 août 1842.

LOUIS-PHILIPPE.

Par le Roi :

Le Ministre Secrétaire d'État au département de l'agriculture et du commerce,

CUNIN-GRIDAINE.

Le 24 Juin 1842.

Par-devant Me Louis-Eugène AUBRY et son collègue, notaires à Paris, soussignés,

A COMPARU :

M. le chevalier Jacques-Etienne GLABAT-DUCHILLOU, agent principal de la compagnie d'assurances de l'Union, demeurant à Laval, rue du Val-de-Maine, 38, maintenant à Paris, rue et hôtel Coq-Héron, 1 bis.

Lequel a exposé ce qui suit :

Aux termes d'un acte passé devant Me MANISSE qui en a la minute, et son collègue, notaires à Laval (Mayenne), le 12 novembre 1841, enregistré, et dont une expédition légalisée est demeurée ci-annexée, après avoir été certifiée véritable par le comparant et que dessus mention de l'annexe a été faite par les notaires soussignés.

MM. Louis-François BOURDAISEAU, propriétaire, demeurant à Vaiges, arrondissement de Laval ;

Jean-Charles BASTERRÈCHE, receveur-général du département de la Mayenne, demeurant à Laval, rue de Paris ;

Pierre-François-Joseph SEDILLIER, jeune, propriétaire demeurant à Laval, rue Creuse ;

Gabriel GASNIER, propriétaire, demeurant à Laval, rue du Pont-de-Mayenne ;

François-René CAMPEAU DE SAINT, propriétaire, demeurant à Laval ;

Gustave-Ernault DE MOULINS, ancien officier supérieur, chevalier de l'ordre

royal et militaire de Saint-Louis, de la Légion-d'Honneur et de St-Ferdinand, propriétaire, demeurant à la Vieucour, commune d'Ahuillé;

Le vicomte Louis-Florent DE BONCHAMPS, ancien sous-préfet, chevalier de la Légion-d'Honneur, propriétaire, demeurant à Saint-Laurent-des-Mortiers, département de la Mayenne;

Théodore-Louis COUET, juge de paix du canton de Bierné, propriétaire, demeurant à Saint-Laurent-des-Mortiers;

Pierre GERBAULT, propriétaire, demeurant à Saint-Berthevin;

Etienne TOYSONNIER, ancien capitaine, chevalier de la Légion-d'Honneur, propriétaire, demeurant à Craon;

François-René LE MERCIER, docteur-médecin, propriétaire, demeurant à Mayenne;

Gustave-François comte DE LA BARRE, propriétaire, demeurant à Laval, rue du Paradis;

Marie-Jean TANQUEREL DE VEAUCÉ, chevalier de l'ordre royal et militaire de Saint-Louis, propriétaire, demeurant à Mayenne;

Théodore LE PESCHEUX DUHAUTBOURG, propriétaire et banquier, demeurant à Mayenne;

Pierre-Marie-Joseph NOUEL DE LA TOUCHE, propriétaire, maire de la ville de Mayenne, y demeurant;

Jules LAIR-LAMOTTE, vérificateur des poids et mesures, propriétaire, demeurant à Château-Gontier;

Léon-Louis-Etienne SOSSON, desservant de la commune de la Baconnière, y demeurant;

Pierre HARDY-CHASSERIE, propriétaire, demeurant à Loiron;

Sébastien GUICHARD, propriétaire, maire de la commune d'Ahuillé, y demeurant;

Jean-Baptiste MIGORET-LAMBERDIÈRE, propriétaire, demeurant à Laval, place de la Mairie;

Louis René RADEAU, propriétaire, demeurant à Laval, rue du Pont-de-Mayenne;

Michel-Julien GARNIER, propriétaire, demeurant à Laval, Basse-Grande-Rue;

Considérant le grand nombre d'accidents et de maladies de toute espèce qui occasionnent la mort des animaux des races chevaline, asine, bovine, ovine et porcine, entravent les progrès de l'agriculture, en diminuent les ressources et enlèvent même quelquefois aux fermiers et colons partiaires les moyens de continuer leur exploitation.

Et voulant se garantir de ces risques, sont convenus de former entre eux une Société d'assurances mutuelles contre la mortalité des chevaux et bestiaux.

L'article 58 dudit acte du 12 novembre 1841 est ainsi conçu:

ART. 58. Le Directeur, ci-dessus dénommé, est autorisé à se pourvoir devant M. le Préfet de la Mayenne, ainsi que près du Gouvernement, pour le prier d'établir un commissaire chargé de surveiller les opérations de l'administration, et pour parvenir à l'approbation des présents statuts, comme aussi à adhérer, au nom des sociétaires, aux amendements que le gouvernement jugerait convenables.

En vertu de ces pouvoirs, et pour se conformer aux changements qui lui ont été demandés par l'autorité, le comparant déclare arrêter ainsi qu'il suit, la rédaction des statuts de ladite Société.

(Suivent les statuts de la Société.)

Dont acte,

———✱———

Le 7 juin 1845.

LOUIS-PHILIPPE, ROI DES FRANÇAIS,
A tous présents et à venir, salut.
Sur le rapport de notre ministre secrétaire d'Etat au département de l'agriculture et du commerce;

Vu notre ordonnance du 20 août 1842 ; portant autorisation de la société d'assurances mutuelles contre la mortalité des bestiaux, établie à Laval, sous la dénomination de *la Mayenne* et approbation des statuts destinés à la régir;

Vu les changemens proposés auxdits statuts,

Notre conseil d'Etat entendu ;

Nous avons ordonné et ordonnons ce qui suit :

ART. 1er. — Les modifications aux statuts de la Société d'assurances mutuelles contre la mortalité des bestiaux, établie à Laval sous la dénomination de *la Mayenne*, proposées par délibération du Conseil général de ladite Société en date du trois novembre 1844 sont approuvées telles qu'elles sont contenues dans l'acte passé le neuf mai 1845, pardevant Me MANISSE et son collègue, notaires à Laval, lequel restera annexé à la présente ordonnance.

ART. 2. — Notre ministre secrétaire d'Etat au département de l'agriculture et du commerce est chargé de l'exécution de la présente ordonnance qui sera publiée au bulletin des lois, insérée au *Moniteur* et dans un journal d'annonces judiciaires des départements de la *Mayenne*, de la *Sarthe*, de *Maine-et-Loire*, d'*Ille-et-Vilaine* et de l'*Orne*.

Fait au palais de Neuilly le sept juin 1845.

Signé LOUIS-PHILIPPE,

Par le Roi :

Le Ministre Secrétaire d'Etat au département de l'agriculture et du Commerce,

Signé L. CUNIN-GRIDAINE.

Pour ampliation :

Le Conseiller d'Etat Secrétaire général du Ministère de l'agriculture et du commerce,

Signé Camille PAGANEL.

Pour copie conforme :

Le Conseiller de préfecture Secrétaire général,

CHEVALLIER.

⸻

Le 9 Mai 1845.

Par-devant Me Pierre-Dieudonné MANISSE et son collègue, notaires à Laval.

ONT COMPARU :

MM. Guillaume-François D'OZOUVILLE, propriétaire, demeurant à Laval, rue du Collège.

Louis-François BOURDAISEAU, propriétaire, demeurant à Vaiges, arrondissement de Laval;

Pierre-François-Joseph SÉDILLIER jeune, propriétaire, demeurant à Laval, rue Creuse;

Gustave ERNAULT-DE-MOULINS, ancien officier supérieur, chevalier de l'ordre royale et militaire de St-Louis, de la Légion-d'Honneur et de St-Ferdinand, propriétaire, demeurant à la Vieucour, commune d'Ahuillé;

Edouard LE PESCHEUX DUHAUTROURG, propritaire et banquier, à Laval, près le Pont-Neuf;

Sébastien GUICHARD, propriétaire, maire de la commune d'Ahuillé, y demeurant à la Provoterie;

Louis-René RABEAU, propriétaire, demeurant à Laval, rue du Pont-de-Mayenne;

Gustave-François comte DE LA BARRE, propriétaire, demeurant à Laval, rue de Paradis;

Louis-Pierre MARTIN, négociant, membre du Conseil général du département de la Mayenne, propriétaire, demeurant à Laval, rue de Tours;

Jules-Lair LAMOTTE, vérificateur des poids et mesures, propriétaire, demeurant à Château Gontier;

Louis-Paul vicomte de Couasnon, propriétaire, demeurant au château de Terchamp, commune de Ruillé-le-Gravelais;

Et le chevalier Jacques-Etienne Clabat-Duchillou, demeurant à Laval, rue du Val-de-Maine,

Ledit M. Clabat-Duchillou, agissant au nom et comme directeur de ladite Société *la Mayenne*,

Lesquels ont arrêté ce qui suit :

Aux termes de l'article 66 des statuts de la Société d'assurances mutuelles *la Mayenne* et autorisée par ordonnance royale du 20 août 1842, le Conseil général de ladite Société peut, à la majorité absolue de la totalité des membres qui le composent, introduire dans les statuts tels changements qu'il juge utiles, mais ces changements ne sont exécutoires qu'après l'approbation du gouvernement.

En vertu de cette disposition le Conseil général de *la Mayenne* composé et convoqué comme il est dit aux articles 46 et 47 des statuts, a, par une délibération en date du 3 novembre 1844, prise à la majorité exigée par l'article 66 et dont un extrait certifié conforme est demeuré annexé à la minute des présentes, proposé d'introduire divers changements dans les statuts de la Société et chargé le directeur et le Conseil d'administration, chacun en ce qui les concerne, de poursuivre l'approbation des changements contenus dans ladite délibération.

En conséquence et pour se conformer aux observations du gouvernement, les comparants déclarent arrêter définitivement ainsi qu'il suit la nouvelle rédaction des articles modifiés.

(Suivent les modifications aux statuts.)

Dont acte,

La Mayenne.

SOCIÉTÉ D'ASSURANCES MUTUELLES
CONTRE LA MORTALITÉ DES CHEVAUX ET BESTIAUX.

STATUTS MODIFIÉS.

TITRE PREMIER.
CONSTITUTION DE LA SOCIÉTÉ.

Art. 1er. Il y a, avec l'autorisation du gouvernement, Société d'assurances mutuelles contre la mortalité des chevaux et des bestiaux, entre les comparants et toutes personnes qui adhéreront aux présents statuts.

Art. 2. La Société a pour dénomination, *la Mayenne*, Société d'assurances mutuelles contre la mortalité des bestiaux.

Ses opérations comprennent les départements de la Mayenne, la Sarthe, Maine-et-Loire, l'Ille-et-Villaine et l'Orne. Elle a son siège et son domicile à Laval.

Art. 3. La durée de la Société est fixée à trente années, qui commenceront à partir de la date de l'ordonnance royale d'autorisation.

La Société ne sera définitivement constituée qu'après cette ordonnance et du jour où il y aura pour une valeur de quatre cent mille francs d'animaux soumis à l'assurance.

Chacune des catégories déterminées à l'article 4 ci-après sera mise en activité lorsqu'il aura été réuni , savoir : 200,000 fr. pour la première catégorie ; 100,000 fr. pour la seconde ; 50,000 fr. pour la troisième , et 50,000 fr. pour la quatrième.

L'accomplissement de cette condition sera constaté par le conseil d'administration de la Société ; le directeur le notifiera par une circulaire à chaque sociétaire.

TITRE II.

OPÉRATIONS DE LA SOCIÉTÉ.

CHAPITRE PREMIER.

OBJET DE L'ASSURANCE.

Art. 4. La Société a pour objet d'indemniser ses membres de la perte des animaux assurés , par suite d'accidents , d'épizooties ou de maladies.

Art. 5. Les sinistres garantis par la Société sont :

1. Les cas de mort naturelle ou accidentelle ;

2. L'abattage par suite de maladie ou d'accident ;

3. La mort par suite de la castration , pourvu que l'animal opéré soit âgé de moins de quatorze mois.

Art. 6. Aucune indemnité n'est due pour les sinistres qui ont lieu dans les circonstances suivantes :

1. Si l'animal assuré meurt , soit avant le quinzième jour qui suit la date de la police , soit des suites d'une maladie qui vient à se déclarer pendant ce délai ;

2. S'il meurt des suites de violences , ou mauvais traitements du sociétaire ou de ceux dont il est civilement responsable ;

3. S'il meurt par l'incendie ou le feu du ciel.

4. S'il meurt par suite de guerre , attroupements , ou autre cas de force majeure.

5. S'il meurt par phthisie nazale, vulgairement nommée la morve.

6. L'indemnité n'est que de la moitié de la valeur assurée si l'animal meurt de la tympanite ou d'une épizootie constatée par les hommes de l'art.

Art. 7. Les animaux admis à l'assurance se divisent en quatre catégories.

Les chevaux , mulets et bêtes asines forment la première.

Les bœufs , taureaux , vaches et les élèves de cette espèce forment la seconde.

La troisième comprend les béliers , moutons , brebis et agneaux , les boucs , chèvres et chevreaux.

Dans la quatrième sont classés les verrats , truies et cochons.

Art. 8. Les élèves des animaux compris dans chacune de ces catégories ne pourront être admis qu'après l'âge de trois mois.

La Société n'assure ni les bêtes à laine qui ont huit ans révolus , ni les chevaux et vaches qui ont plus de quatorze ans. Néanmoins, l'animal qui aurait été admis à l'assurance avant d'avoir atteint cette limite d'âge , et qui viendrait à la dépasser , continuera d'être assuré par la Société.

Art. 9. Aucun animal ne sera reçu à l'assurance pour une somme supérieure à 600 francs, quand bien même sa valeur excéderait cette somme.

Art. 10. Il n'y a point de solidarité entre les sociétaires : chacun d'eux n'est tenu de contribuer au paiement des charges sociales que jusqu'à concurrence du maximum de garantie déterminé à l'article 24.

CHAPITRE II.

ADMISSION A L'ASSURANCE.

Art. 11. Sont admis dans la Société tous propriétaires, fermiers, ou détenteurs de chevaux et bestiaux, et toute personne intéressée à leur conservation.

Les animaux appartenant à un même propriétaire , et fesant partie de la même exploitation ne peuvent être assurés qu'en totalité. Toutefois, s'il s'en trouve de malades au moment de l'adhésion, l'assurance peut être seulement différée à leur égard , jusqu'à ce que l'agent de la Société ait constaté leur rétablissement.

Tout sociétaire qui , par une fausse déclaration, aura induit la Société en erreur sur l'étendue du risque, sera déchu de l'indemnité, et ne pourra rien réclamer des sommes par lui payées.

Art. 12. Les animaux assurés par la Société ne peuvent faire l'objet d'une nouvelle assurance de même nature par une autre Société, à peine, par le sociétaire, de perdre son droit à toute indemnité en cas de sinistre.

Si au moment de son admission un sociétaire a déjà ses bestiaux garantis par une autre société, il doit en faire immédiatement la déclaration, et le faire mentionner sur sa police ; sinon, il perd tout droit à une indemnité en cas de sinistre , et ne peut rien réclamer des sommes par lui versées au fonds de prévoyance.

Si un sinistre survient pendant cette double assurance , la Société n'intervient que proportionnellement à la somme assurée par elle, dans le réglement de l'indemnité , qui ne peut jamais dépasser le montant du dommage.

Art. 13. La demande d'admission dans la Société se fait au moyen d'un acte d'adhésion sur lequel le Conseil d'administration est appelé à prononcer dans sa plus prochaine réunion.

Si l'adhésion est admise , une police rédigée en double est signée par le directeur et par le sociétaire ; ce dernier en garde un double.

Cette police porte quittance de la somme payée comptant aux termes de l'art. 27 ci-après , et contient les noms, prénoms et profession du sociétaire , la qualité en laquelle il agit , le domicile par lui élu, la désignation des animaux assurés, avec tous les renseignements et énonciations propres à les faire reconnaître , et la valeur pour laquelle ils ont été admis à l'assurance.

Les présents statuts doivent être insérés en entier dans les polices.

Art. 14. L'identité des animaux assurés est en outre constatée s'il y a lieu par des marques que détermine le Conseil d'administration. La police contient l'indication de ces marques.

Art. 15. Si le sociétaire veut profiter de la faculté de substitution résultant de l'article 21, il est dressé un avenant à la police, dans la forme prescrite par l'article 21, et pour le temps qui reste à courir de l'engagement à l'assurance.

Art. 16. Si la valeur donnée aux animaux assurés est inférieure d'un cinquième au moins à leur valeur vénale au moment de la signature de la police ou de l'avenant, et s'il est prouvé qu'il y a eu dol ou fraude de la part du sociétaire, celui-ci n'a droit à aucune indemnité en cas de sinistre, et ne peut rien réclamer des cotisations par lui versées.

S'il n'y a eu ni dol ni fraude, l'assurance est valable jusqu'à concurrence de la valeur assignée aux animaux par jugement d'experts.

CHAPITRE III.

DURÉE DE L'ASSURANCE.

Art. 17. Les assurances sont contractées pour cinq ans. La période de tout engagement, ainsi que les effets actifs et passifs de l'assurance, commencent le quinzième jour après la date de la police, à midi.

Art. 18. L'assurance cesse à la fin de la période pour laquelle elle a été contractée, à moins que, dans les trois mois qui précèdent l'expiration de l'engagement, le sociétaire ne déclare qu'il est dans l'intention de continuer à faire partie de la Société.

La Société a la faculté de ne point renouveler l'assurance, en le notifiant au sociétaire dans les trois mois qui précèdent l'expiration de l'engagement, et sans être obligée d'expliquer ses motifs.

Art. 19. En cas de vente de la totalité des animaux assurés, le contrat est immédiatement résilié; si la vente n'est que partielle, il est procédé conformément à l'article 21.

Le sociétaire qui vient à changer de domicile continue à faire partie de la Société si les animaux assurés ne sortent pas des départemens de la circonscription sociale, sinon l'assurance cesse immédiatement.

Art. 20. En cas de décès de l'assuré, ses héritiers ou ayant cause profitent de l'assurance jusqu'à la fin de l'année courante, pourvu que la condition des animaux assurés ne subisse aucun changement.

Art. 21. Toutes les fois qu'il survient quelque changement dans la condition de l'assurance, le sociétaire est tenu d'en faire la déclaration à la Société dans un délai de huit jours, et il est procédé immédiatement à la vérification du changement.

Si pendant le cours de son assurance, un sociétaire vient à introduire dans ses écuries ou étables des animaux provenant d'achats ou d'échanges, il doit le déclarer immédiatement et le faire mentionner sur sa police; sinon, il perd tout droit à une indemnité en cas de sinistre.

Les nouveaux animaux ne commencent à être garantis que quinze jours après celui de leur entrée dans les étables ou écuries.

Art. 22. En cas de faillite d'un sociétaire, son assurance cesse de plein droit, à moins qu'il ne soit donné caution.

Art. 23. En cas de sinistre, s'il résulte du procès-verbal qui le constate, ou d'un rapport fait soit par des censeurs de la Société, soit par des vétérinaires, que les animaux assurés par la Société ne sont pas convenablement nourris, soignés et ménagés, le conseil d'administration a le droit de résilier l'assurance.

Pour faire leur rapport les censeurs s'adjoindront deux sociétaires.

Cette résiliation est notifiée au sociétaire par acte extra-judiciaire.

CHAPITRE IV.

CLASSIFICATION DES RISQUES.

ART. 24. Les animaux soumis à l'assurance offrant des chances de sinistres plus ou moins graves suivant leur espèce et leur emploi, la contribution aux charges sociales a lieu dans les proportions ci-après, et sans que, dans aucun cas, la part contributive de chaque sociétaire puisse s'élever annuellement au-delà du maximum suivant, savoir :

			Cotisations à payer par 100 francs de valeur.	
CATÉGORIES.	1re Races chevaline et asine.	PREMIÈRE CLASSE .	2 fr.	» cent.
		DEUXIÈME » .	5	»
		TROISIÈME » .	10	»
	2e Race bovine		1	50
	3e Race ovine, boucs, chèvres et chevreaux.		3	»
	4e Race porcine		4	»

Les chevaux, juments, mules, mulets et bêtes asines employés à la culture des terres, à l'exploitation des moulins et à tout service de ville et de campagne autre que ceux qui sont spécifiés dans les deux paragraphes ci-après, forment la première classe de la race chevaline.

Les chevaux de roulage, de halage et les étalons, forment la deuxième.

Les chevaux de louage, de fiacre, d'omnibus, de voitures publiques, de poste et de diligences forment la troisième.

Ces trois classes ont chacune sa caisse particulière.

Les deuxième, troisième et quatrième catégories forment chacune une classe ayant sa caisse particulière.

ART. 25. Les fonds de chacune des caisses sont destinés exclusivement au paiement des indemnités dues pour raison des sinistres arrivés dans la classe à laquelle elle appartient, sans qu'il puisse jamais être fait de dévolution d'une caisse à une autre

Les assurés actuels qui ne souscriraient pas aux cotisations fixées par l'article 24, pourront faire résilier leur police dans les trois mois qui suivront l'approbation des présents statuts.

ART. 26. Chaque sociétaire doit en outre :

1. Pour frais de police, un franc.

2. Pour frais d'apposition des marques prescrites en l'article 14, dix centimes par tête pour les animaux des races chevaline, asine et bovine, et deux centimes par tête pour ceux des autres races.

CHAPITRE V.

FONDS DE PRÉVOYANCE.

ART. 27. Chaque sociétaire verse, au moment de la délivrance de la police et au commencement de chacun des exercices suivants, cinquante pour 100 du maximum de la contribution sociale pour former un fonds de prévoyance destiné à donner des à-comptes sur les indemnités dues pour les sinistres.

Art. 28. Les sommes composant le fonds de prévoyance peuvent être placées par le conseil d'administration, pour produire intérêt au profit de la Société.

Art. 29. Lorsqu'un sociétaire vient à sortir de la Société pour une cause quelconque, son décompte est établi, et la somme qu'il a versée au fonds de prévoyance lui est restituée, sauf déduction de la part qu'il doit supporter dans les charges sociales connues au moment de sa sortie.

CHAPITRE VI.

RÉGLEMENT DES SINISTRES.

Art. 30. En cas de maladies ou d'accidents graves survenus à des animaux assurés par la Société, le sociétaire est tenu de recourir à un vétérinaire muni d'un diplôme, ou à défaut de vétérinaire dans un rayon de huit kilomètres, à un expert-maréchal ou panseur, pour faire donner des soins à l'animal malade.

En outre, le sociétaire est tenu de faire de suite, à l'agent le plus voisin, la déclaration de la maladie ou de l'accident. L'agent lui donne récépissé de cette déclaration, visite l'animal et en instruit aussitôt la direction.

Si le vétérinaire, ou la personne appelée à son défaut, est d'avis que la maladie ou l'accident doit rendre l'animal impropre à tout service, il en dresse un procès-verbal exprimant les jour, heure et lieu de l'événement ou de l'invasion de la maladie, la cause présumée, le numéro de la police, les recours et actions que la Société peut être appelée à exercer au nom de l'assuré contre des tiers.

Art. 31. Sur le vu du procès-verbal, l'agent autorise, s'il y a lieu, la vente ou l'abattage, prévient l'expert de la Société chargé de faire l'estimation et mentionne la valeur de l'animal sur le procès-verbal. En cas de vente, le prix est constaté par un certificat visé par l'agent de la Société.

S'il s'agit d'animaux de race ovine, le sociétaire peut charger deux voisins, pris de préférence parmi les sociétaires, de dresser le procès-verbal mentionné ci-dessus ; mais il doit, dans ce cas, représenter la peau dans le délai de huit jours à l'agent de la Société, sauf l'observation des réglements de police.

S'il s'agit d'animaux de race chevaline, bovine ou porcine, la déclaration et la remise du procès-verbal doivent être faites dans les trois jours qui suivent le sinistre ; faute de quoi le sociétaire est déchu de l'indemnité.

Au reçu du procès-verbal, l'agent en délivre copie au sociétaire. Le tout est consigné sur un registre à ce destiné.

Art. 32. Tout sinistre est constaté par un procès-verbal dressé par l'agent, exprimant les mêmes circonstances que celles qui sont prescrites par les articles 30 et 31, et transmis de suite à la direction.

Art. 33. Dans tous les cas de sinistres l'indemnité est réglée par une expertise qui détermine la valeur réelle de l'animal au moment du sinistre ; abstraction faite de la dépréciation qu'il a pu subir par suite de maladie. Le montant de l'indemnité ne peut excéder la valeur indiquée par la police dans les proportions déterminées par l'article 6, à moins que l'assuré ne déclare par écrit s'en rapporter à l'expert de la société ; l'estimation est faite par deux experts arbitres nommés, l'un par la Société et l'autre par l'assuré.

En cas de désaccord, un tiers arbitre est nommé par les deux premiers et s'ils ne peuvent s'entendre, par le juge de paix du canton. Le tiers arbitre doit se renfermer dans les limites des évaluations faites par les deux premiers ; mais il n'est pas tenu de se conformer à l'une ou à l'autre de ces évaluations.

Chacune des parties supporte les frais de l'expert arbitre nommé par elle, les frais de tierce expertise sont partagés par moitié, il en est de même dans le cas où l'assuré déclare s'en rapporter à l'expert arbitre de la Société.

Les frais de maladie sont au compte du sociétaire. La peau de l'animal lui est abandonnée en dédommagement.

CHAPITRE VII.

DE LA RÉPARTITION DES PORTIONS CONTRIBUTIVES ET DE LEUR RECOUVREMENT.

ART. 34. Les charges sociales sont acquittées au moyen d'une contribution, répartie entre les sociétaires au prorata des valeurs assurées.

Sont à la charge de la Société :

1. Les sinistres ;
2. Tous frais quelconques d'administration,
3. Les frais de toutes actions judiciaires ;
4. Les non-valeurs.

ART. 35. A l'expiration de chaque année sociale, il est dressé un état général de tous les frais à la charge de la Société.

L'année sociale commence le 1er mai et finit le 30 avril.

Chaque année forme un exercice ; le premier commencera le jour même de la mise en activité de la Société, conformément à l'article 3 ci-dessus, et finira le 30 avril suivant.

ART. 36. Après avoir vérifié les pièces constatant le montant des sinistres, le conseil d'administration arrête définitivement la quotité de la contribution à répartir sur les sociétaires, et charge le directeur d'en suivre le recouvrement.

ART. 37. Toutes les sommes à payer par les sociétaires sont comptées par eux, à la direction ou au domicile de l'agent de la Société dans chaque canton ; il leur en est donné quittance.

Si, dans les quinze jours qui suivent l'avis donné par le directeur, le sociétaire n'a pas effectué le versement demandé, l'avertissement est renouvelé, et, quinze jours après ce deuxième avis, le sociétaire est poursuivi par toutes les voies de droit ; enfin, quinze jours après le premier acte judiciaire, le sociétaire qui n'a pas rempli ses engagements perd son recours envers la Société en cas de sinistre, şaus que pour cela il soit dégagé du paiement de la contribution due par lui.

Le Conseil d'administration peut, à son choix, en cas de non-paiement, résilier l'assurance ou la maintenir et en poursuivre l'exécution.

Art. 38. Les non-valeurs de chaque exercice sont ajoutées aux sinistres de l'exercice suivant.

Art. 39. Les pièces relatives aux répartitions sont conservées à la direction : tout sociétaire a le droit d'en réclamer la communication.

Art. 40. Il est procédé, dans les trois premiers mois de chaque exercice, au règlement général des sinistres de l'exercice précédent, et les sociétaires qui les ont éprouvés reçoivent les indemnités ou compléments d'indemnité auxquels ils ont droit.

CHAPITRE VIII.

PAIEMENT DES INDEMNITÉS AUX SOCIÉTAIRES QUI ONT ÉPROUVÉ

DES SINISTRES.

Art. 41. Dans les trois mois qui suivent la réception du procès-verbal exigé par l'article 32, la somme à laquelle l'indemnité a été fixée est payée à l'ayant droit jusqu'à concurrence de l'à-compte réglé par le Conseil d'administration.

En cas de contestation sur le montant de l'indemnité, il est procédé conformément au droit commun.

Art. 42. Le prix que le sociétaire peut retirer de l'animal est déduit de l'indemnité à laquelle il a droit sans préjudice de la disposition de l'article 33 ci-dessus.

Art. 43. Après avoir soldé l'indemnité, la Société est subrogée à tous les droits du sociétaire, et elle exerce en son nom tout recours contre les personnes qui peuvent être responsables du sinistre.

Art. 44. Si le fonds de prévoyance est insuffisant pour le paiement intégral des charges sociales, le reliquat dû est payé au moyen d'un appel de fonds fait dans la limite du maximum de garantie établie à l'article 24 ; et si le fonds de garantie est lui-même insuffisant, ce fonds est réparti au centime le franc entre les ayant droit.

Dans aucun cas les sociétaires n'ont à payer au-delà du maximum fixé par l'article 24 ci-dessus.

.. TITRE III...

ADMINISTRATION DE LA SOCIÉTÉ.

Art. 45. La Société est représentée par un Conseil général des sociétaires ; elle est administrée par un Conseil d'administration, un directeur et un directeur-adjoint, si le Conseil général en reconnaît l'utilité.

Le Conseil d'administration peut être assisté, si le Conseil général le juge convenable, d'un Conseil du contentieux, composé d'un avocat, d'un notaire, d'un avoué et de deux vétérinaires munis de diplômes.

Des censeurs sont institués dans chaque canton pour surveiller les opérations des agents de la Société.

CHAPITRE PREMIER.

CONSEIL GÉNÉRAL.

Art. 46. Le Conseil général est composé des dix sociétaires assurés pour les plus fortes sommes dans chacun des départements composant la circonscription sociale.

En cas de refus, ou d'empêchement de la part de quelques-uns des sociétaires assurés pour les plus fortes sommes, ils sont remplacés par ceux qui viennent immédiatement après eux dans l'ordre du tableau dressé pour chaque département.

Le Conseil général est présidé par nn de ses membres, élu chaque année à la majorité des suffrages.

Le secrétaire du Conseil d'administration remplit, près du Conseil général, les fonctions de secrétaire.

Art. 47. Le Conseil général se réunit une fois au moins par année; sa première réunion aura lieu dans le mois qui suivra la mise en activité de la Société.

Il peut être convoqué extraordinairement par le Conseil d'administration. Les convocations soit ordinaires, soit extraordinaires se font par lettres affranchies adressées au domicile de chaque membre.

Le Conseil général délibère à la majorité des suffrages ; en cas de partage, le président a voix prépondérante.

Pour que ses délibérations soient valables, il faut qu'il y ait au moins vingt de ses membres présents : si ce nombre n'est pas atteint, l'assemblée est ajournée à un mois ; elle est alors valablement constituée, quel que soit le nombre des membres présents, mais la délibération ne peut avoir lieu que sur les objets mis à l'ordre du jour de la première convocation.

Art. 48. Le Conseil général nomme les membres du Conseil d'administration ; il nomme le directeur, fixe son traitement et les autres avantages qui pourront lui être accordés ; il peut le révoquer sur la proposition du Conseil d'administration.

Il arrête définitivement, chaque année, les comptes de la Société.

Il statue sur toutes les observations et propositions qui lui sont faites, soit par ses membres, soit par le Conseil d'administration, soit par le directeur.

CHAPITRE II.

CONSEIL D'ADMINISTRATION.

Art. 49. Le Conseil d'administration est composé de douze membres choisis parmi les sociétaires ayant au moins pour 3,000 francs d'animaux engagés à l'assurance.

Les membres du Conseil ne contractent à raison de leurs fonctions aucune obligation personnelle ni solidaire, relativement aux affaires de la Société ; ils ne sont responsables que de l'exécution de leur mandat.

Le Conseil d'administration est présidé par un de ses membres, nommé chaque année à la majorité absolue des suffrages, et en cas d'absence, par le plus âgé. Il a un secrétaire nommé par lui, pris hors de son sein, et salarié. Ce secrétaire peut exercer d'autres fonctions dans l'administration, à l'exception de celles de directeur et de directeur adjoint.

Les membres du Conseil d'administration sont renouvelés par quart tous les ans ; le sort désignera les membres sortant aux trois premiers renouvellements ; ensuite les renouvellements auront lieu par ancienneté.

Les membres sortants peuvent être réélus.

En cas de décès ou de démission de l'un des membres du Conseil d'administration, il est pourvu à son remplacement par le Conseil général, conformément aux dispositions du présent article.

ART. 50. Le Conseil d'administration se réunit au moins une fois tous les mois.

Les convocations sont faites par le directeur ou par le président du Conseil d'administration, et par lettres affranchies.

ART. 51. La présence de cinq membres du Conseil d'administration est indispensable pour la validité des opérations.

Ses décisions sont prises à la majorité des voix ; en cas de partage, le président a voix prépondérante.

ART. 52. Le Conseil d'administration propose la révocation du directeur et du directeur adjoint, qui ne peut être prononcée que par le Conseil général.

Il propose également au Conseil général la nomination du directeur et du directeur adjoint.

Il délibère sur toutes les affaires de la Société ; il admet ou rejette les adhésions, contrôle la gestion du directeur, se fait rendre compte de la situation de la caisse, inspecte les opérations, et vérifie les livres, les pièces de comptabilité et les états de liquidation des frais d'administration et des indemnités pour les sinistres ; il arrête provisoirement les comptes de la Société, et fixe, sauf l'approbation du Conseil général, les frais de premier établissement, de loyer et de bureaux, traitements du directeur, du directeur adjoint, du secrétaire et de tous les employés.

Le Conseil d'administration fait les règlements et prend les arrêtés qu'il juge nécessaires pour l'administration intérieure, sans pouvoir toutefois aggraver la condition des sociétaires.

ART. 53. Sont nommés membres du Conseil d'administration :

MM. Guichard, propriétaire, maire d'Ahuillé.

Sosson, desservant, à la Baconnière.

Bourdaiseau, propriétaire à Vaiges.

Sédillier jeune, propriétaire à Laval.

Tanquerel de Vaucé, propriétaire à Mayenne.

Lemercier, docteur-médecin, propriétaire à Mayenne.

Nouël de la Touche, propriétaire, maire de Mayenne.

Duhautbourg, propriétaire et banquier à Mayenne.

Couet, juge de paix du canton de Bierné, propriétaire à

Saint-Laurent-des-Mortiers.
Toysonnier, propriétaire à Craon.
Lair-Lamotte, propriétaire à Château-Gontier.

CHAPITRE III.

CONSEIL DU CONTENTIEUX.

Art. 54. Les membres du Conseil du contentieux, dans le cas prévu à l'article 45, sont nommés et révoqués par le Conseil général.

Ils assistent, avec voix consultative seulement, aux réunions du Conseil d'administration.

Ces nominations devront être soumises à l'approbation du Conseil général, lors de sa première réunion, qui devra avoir lieu dans les trois mois qui suivront l'ordonnance d'autorisation.

CHAPITRE IV.

DIRECTION.

Art. 55. Le directeur est chargé, sous l'autorité du Conseil d'administration, de la gestion des affaires de la Société; il dirige le travail des bureaux, le service des agents, les opérations des experts; il représente la Société vis-à-vis des tiers.

Il peut traiter, transiger, compromettre et soutenir toute action judiciaire, d'après la décision du Conseil d'administration.

Il présente, à la nomination du Conseil, le caissier, les agents de la Société et les vétérinaires.

Il assiste aux réunions du Conseil d'administration, mais il n'y a que voix consultative.

Il fournit un cautionnement de 6,000 fr. en rentes sur l'Etat. Ce cautionnement est consenti par acte public et accepté par le Conseil d'administration. Il peut être augmenté proportionnellement à l'importance des opérations de la Société, toutes les fois que le Conseil général le juge convenable.

Art. 56. Est nommé directeur, sauf confirmation par le Conseil général, lors de sa première réunion :

M. Ch. Jacques-Etienne Clabat-Duchillou.

CHAPITRE V.

CENSEURS.

Art. 57. Deux sociétaires sont désignés dans chaque canton par le Conseil d'administration pour remplir les fonctions de censeurs.

Les censeurs sont chargés de surveiller, dans leurs cantons respectifs, les opérations des agents de la Société, de vérifier et arrêter leurs registres, et de veiller en général à l'exécution des statuts et réglements émanés de l'administration.

Ils transmettent leurs rapports au directeur, pour être mis sous les yeux du conseil d'administration.

CHAPITRE VI.

CAISSIER.

Art. 58. La Société a un caissier nommé par le conseil d'administration.

Il tient sa comptabilité journalière sous le contrôle immédiat du directeur, et ne peut faire aucun paiement, versement ou emploi de fonds que sur son ordonnancement.

Il fournit un cautionnement en rentes sur l'Etat, dont le montant est déterminé par le conseil d'administration.

Le cautionnement est consenti et réglé dans les formes établies en l'article 55 pour celui du directeur.

Art. 59. Pour sûreté des fonds à recevoir par le caissier, il est établi une caisse à trois clefs : une de ces clefs reste entre les mains du caissier, une autre est remise au directeur, et la troisième au président du conseil d'administration.

Cette caisse renferme les fonds destinés au paiement des indemnités, et, en cas de placement, les titres, bordereaux ou récépissés.

Les entrées et sorties de fonds s'opèrent suivant le mode réglé par le conseil d'administration.

CHAPITRE VII.

COMPTABILITÉ.

Art. 60. Le conseil d'administration fixe la somme que le directeur peut réserver en caisse pour les besoins imprévus, et celle dont il doit être fait emploi pour le compte de la Société.

Il fixe aussi le mode à suivre pour le retrait des sommes nécessaires au paiement des sinistres et des frais d'administration.

Art. 61. Les portions contributives non recouvrées, ainsi que les frais auxquelles elles auront donné lieu, resteront à la charge du directeur, sans recours contre la Société, à défaut par le directeur de justifier des diligences par lui faites pour en assurer le recouvrement.

TITRE IV.

DISSOLUTION ET LIQUIDATION DE LA SOCIÉTÉ.

Art. 62. La Société pourra être dissoute, avant le terme fixé pour sa durée, par décision du conseil général prise à la majorité absolue de ses membres.

La dissolution aura lieu de droit si, dans un délai de cinq ans, à partir de l'autorisation de la Société, la valeur des animaux assurés ne s'élève pas à la somme de dix millions, ou si, après avoir atteint cette somme, elle tombe au-dessous.

Art. 63. En cas de dissolution de la Société, le conseil général pourvoit à sa liquidation.

Art. 64. Dans le cours de la vingt-huitième année, le conseil général procédera à l'examen de la situation de la Société, et décidera, à la majorité exigée par l'article 62, s'il y a lieu de demander au gouvernement la prolongation à l'effet de quoi tous les pouvoirs nécessaires lui sont dès à présent conférés.

TITRE V.

DISPOSITIONS GÉNÉRALES.

Art. 65. Si, pendant le cours de la Société, ou lors de la liquidation, il s'élève des difficultés entre les sociétaires et la Société, elles seront jugées par trois arbitres nommés par le président du tribunal de première instance de l'arrondissement de Laval, à la requête de la partie la plus diligente. Ces arbitres, dispensés des formes judiciaires, décideront comme amiables compositeurs et en dernier ressort. Leur décision ne pourra être attaquée par voie d'appel, requête civile, ni recours en cassation.

Art. 66. Le conseil général peut, à la majorité absolue de la totalité des membres qui le composent, introduire dans les statuts tels changements qu'il juge utiles, mais ces changements ne sont exécutoires qu'après l'approbation du gouvernement.

ENGAGEMENT PROVISOIRE.

L'agent soussigné reconnaît avoir reçu l'adhésion de M.
et déclare qu'il sera assuré à partir de la date et avec les clauses contenues en la police qui lui sera délivrée par le Directeur-Général de la Société.

Remis une plaque et reçu un franc.

A   le   18

Société D'assurances Mutuelles, La moyen.
contre la mortalité Des bestiaux

1849

184